Väsen

Dikter ur själen

Emilia Larsdotter

Illustration: Emilia Larsdotter

Förlag: BoD – Books on Demand, Stockholm, Sverige
Tryck: BoD – Books on Demand, Norderstedt, Tyskland

ISBN: 978-91-7699-649-2

Till alla er som trodde på mig när dagarna var som mörkast. Till er som lyssnade långa nätter. Ni som grät med mig, skrattade och gav mig hopp. Ni som älskade och älskar än... Jag älskar er!

Tack!

BÖN

Led mig
genom dödsskuggans dal

Förbi ängar
höljda i mörker
smekta
av blåklockors silverljus

Hör!

Hör
hur månen sjunger
mens huldrornas vilda ritt
ekar
i mitt
hjärta

MORGON

Tänk så vackert
att få vakna

vakna utan skav
vakna
utan

    -kuk

TÅRAR

Salta tårar torkar kinden, tårar torkar med lidande

-vad tiden, lider

OSMAK

Lesbisk!

så vackert

hur kan något
så vackert

leda - förleda
tankar till ord
smaklösa

Spetälsk!

det smakar - illa

Vi är programmerade
att ogilla
ogilla oss själva
vår kärlek
vår läggning

Lesbisk!

NEMESIS

Ord bleknar

Rädsla
tvivel

tystnad stärker rädsla

tvivel föder konfliker

Konflikter!

kärlekens
nemesis

MORGONDAG

Någonstans i sorg
vilar nymfen

Trygg
i månbelyst glänta

Trygg
i värmländsk skog

Vilandes trötta fötter
efter vild dans

Med tid flyr natt
gryning sker

I det
vilar nymfen och månen
trygga

Med tid
gryr hopp och dröm
på nytt

VACKER

Jag är:
ett snyggt paket, fylld med skrot

REPOR

I hjärtats vindlande salar
rusar hon

ren blick
lena händer
repar smekandes
förmak och kammare

repor av lust
av längtan

Begär växter
blommar
ebbar
dör

BRUSTEN

Saknad vänskap smärtar
mer
än krossad kärlek

Brustet hjärta
läker sakta
mens minnen

tråcklar såren

HEL

ömmande skrev
nyvaken på vita linnen

nynaken
med tryckförband

öm
hel
lycklig

Fri
i min
kropp

Fri

utan kuk

VÄSEN

Jag är:
inte hen
inte han

Jag är:
ett väsen

Jag är:
Hon

Flickan jag alltid varit
Flickan jag alltid sörjt

VIOLEN

Det sägs att:
Violen är vacker
ensam är stark

Ensam hon vissnar
blir till jord
blir till mark

DEN EVIGA

Likt pärlor på rutan
Naturens vackra skapelse

Klar men skiftande som prismat
I solregnets värmande strålar
hon växer, förskönas och dör

Evig, vacker, fulländad